AF391073

P 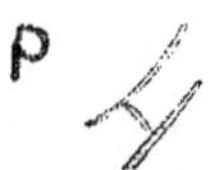

Vente du Mercredi 15 Janvier 1868.

OBJETS

DE LA

CHINE ET DU JAPON

ÉMAUX CLOISONNÉS

Exposition publique le Mardi 14 Janvier 1868.

Me CHARLES PILLET,
COMMISSAIRE-PRISEUR

M. CH. MANNHEIM,
EXPERT

1868

CATALOGUE

DE TRÈS-BEAUX

OBJETS DE LA CHINE

ET DU JAPON

ÉMAUX CLOISONNÈS DE BELLE QUALITÉ

Tels que :

Belles Gourdes,

Grandes Vasques, Brûle-Rarfums, Vases, Boîtes, etc.;

Belles Porcelaines de Chine;

Grands et beaux Plats en ancienne Porcelaine du Japon ;

Très-grands Vases ¡aponais en bronze;

Objet variés.

DONT LA VENTE AURA LIEU

HOTEL DROUOT, Salle N° 3

Le Mercredi 15 Janvier 1868

A DEUX HEUBES,

Par le ministère de Mᵉ **CHARLES PILLET**, Commissaire-Priseur,
11, rue de Choiseul,

Assisté de **M. CHARLES MANNHEIM**, Expert, 7, rue Saint-Georges,

Chez lesquels se distribue le Catalogue.

EXPOSITION PUBLIQUE

Le Mardi 14 Janvier 1868, de une heure à cinq heures.

CONDITIONS DE LA VENTE

Elle sera faite au comptant.

Les adjudicataires payeront *cinq pour cent* en sus des enchères.

L'exposition mettant le public à même de se rendre compte de l'état des objets, il ne sera admis aucune réclamation une fois l'adjudication prononcée.

N. B. — Une partie des objets ne nous étant pas encore parvenus au moment de la rédaction de ce Catalogue, nous nous sommes servis des notes qui nous ont été communiquées ; nous réservant toutefois de faire lors de la vente toutes les rectifications nécessaires.

000. — Paris, Imprimerie de Pillet fils aîné, rue des Grands-Augustins, 5.

DÉSIGNATION DES OBJETS

Émaux cloisonnés de la Chine

1 — Deux très-grandes et très-belles vasques en émail cloisonné fond blanc, décorées de plantes aquatiques en couleurs. Pièces exceptionnelles.

2 — Deux autres jolies petites vasques, décorées de fleurs et d'ornements en couleurs sur fond gros bleu.

3 — Deux grandes boîtes de forme sphérique aplatie, décorées d'ornements et de fleurs émaillés en couleurs sur fond rouge. Sur le couvercle, des médaillons ronds renferment des sujets de personnages.

4 — Deux grandes et très-belles gourdes de forme ronde à panse aplatie à deux anses en S, reliant la gorge au pourtour du vase. Elles sont décorées sur chacune de leurs faces de groupes d'oiseaux et de fleurs émaillés en couleur, sur fond noir rehaussé de bâtons rompus dorés; le pourtour de la panse est décoré ainsi que la gorge, de nuages et d'oiseaux émaillés en couleurs sur fond noir. Pièces rares ; toutes en bois sculpté.

Haut., 58 cent.

5 — Deux jolies jardinières, modèle vasque, en émail cloisonné fond bleu turquoise et décorées de médaillons ronds renfermant des figures et des animaux émaillés en couleurs sur fond blanc. Le haut et le bas de ces pièces sont enrichis de frises d'ornements.

Haut., 34 cent.; diam., 38 cent.

6 — Deux beaux brûle-parfums, formés chacun d'une grue sacrée debout émaillée blanc et noir, reposant sur des rochers émaillés bleu et baignant dans les vagues de la mer.

Haut., 85 cent.

7 — Bassin rond et creux à bord évasé, décoré intérieurement et extérieurement de fleurs et d'ornements émaillés en couleurs sur fond bleu turquoise. Il repose sur trois têtes d'éléphants et offre à l'intérieur un médaillon rond en bronze doré, représentant un dragon et un oiseau fantastique en relief.

Haut., 20 cent.; diam., 48 cent.

8 — Deux beaux vases, modèle cornet à panse renflée de forme ovoïde, en émail cloisonné à fleurs et ornements de couleurs variées sur fond bleu turquoise et sur fond vert d'eau.

Haut., 43 cent.

9 — Deux vases modèle courge en émail cloisonné, fond noir, décorés d'animaux, d'oiseaux et de fleurs, et enrichis de médaillons ronds ornés de fleurs et d'insectes émaillés en couleurs sur fond blanc.

Haut., 36 cent.

10 — Deux jolis vases modèle balustre, à panse quadrilobée, émaillés de fleurs et d'attributs divers sur fond bleu tur-

quoise. La gorge du vase est garnie d'anses émaillées bleu découpées à jour.

Haut., 26 cent.

11 — Deux grands vases modèle balustre hexagone, en émail cloisonné ; la panse est décorée de branches de fleurs et d'oiseaux en couleurs sur fond jaune clair, et la gorge de branches de fleurs sur fond bleu.

Haut., 40 cent.

12 — Deux vases en forme de courge, décorés de feuillages et d'attributs divers émaillés en couleurs sur fond blanc.

Haut. 36 cent.

13 — Deux boîtes de forme sphérique aplatie, décorées d'arabesques et de fleurs émaillées en couleurs sur fond bleu turquoise.

Diam., 20 cent.

14 — Deux boîtes de même forme que celles qui précèdent, mais un peu plus petites. Elles sont décorées de grues sacrées et de fleurs émaillées en couleurs sur fond bleu turquoise.

Diam., 19 cent.

15 — Belle figure de femme debout, en bronze doré, vêtue d'un riche costume décoré d'ornements émaillés en couleurs sur fond bleu turquoise. La poitrine est couverte de colliers et de pendeloques en relief rehaussés d'émail. Pièce élégante et curieuse.

Haut., 44 cent.

16 — Deux figurines accroupies, en bronze doré et émail cloisonné. Elles sont montées sur des socles ronds en émail cloisonné, à ornements en couleurs sur fond bleu turquoise.

Haut., 17 cent.

17 — Deux brûle-parfums de forme sphérique aplatie, montés sur un trépied élevé ; le tout émaillé de couleurs variées.

Haut., 29 cent.

18 — Belle feuille d'écran en émail cloisonné, à fleurs de couleurs sur fond bleu turquoise et rehaussée d'insectes en relief en bronze doré. Encadrement en bois de fer.

Haut., 64 cent. ; larg., 58 cent.

19 — Deux boîtes de forme sphérique aplatie, décorées d'arabesques et de fleurs en couleurs sur fond noir ; le dessus est orné d'un médaillon rond renfermant des fleurs émaillées en couleurs sur fond blanc.

Diam., 21 cent.

20 — Aiguière de forme élégante, en émail cloisonné à fleurs et oiseaux en couleurs sur fond bleu turquoise. Le goulot a été refait en étain décoré en or et couleurs.

Haut., 30 cent.

21 — Boîte de forme carrée à angles arrondis et rentrants, et à couvercle à recouvrement en émail cloisonné à figures dans un paysage, fleurs et ornements en couleurs sur fond bleu turquoise.

Larg., 19 cent.

22 — Deux vases de forme cylindrique, décorés d'arabesques et d'ornement émaillés en couleurs sur fond blanc.

Haut., 14 cent.

23 — Deux vases de même forme, décorés de fleurs et d'ornements émaillés en couleurs sur fond rouge.

Haut., 18 cent.

24 — Petit vase, modèle balustre, à goulot rétréci en émail
cloisonné à fleurs en couleurs sur fond bleu turquoise.

Haut., 19 cent.

25 — Jolie petite bouteille en émail cloisonné à fleurs et ornements en couleurs sur fond bleu turquoise.

Haut., 18 cent.

26 — Très-petite bouteille, forme courge, décorée de même.

Haut., 8 cent.

27 — Petit brûle-parfums, de forme sphérique, reposant sur
trois pieds droits en émail cloisonné à fleurs et ornements
en couleurs sur fond bleu turquoise. Le couvercle en
bronze doré est découpé à jour.

28 — Deux godets d'encriers, en forme de balustre, en émail
cloisonné à fleurs et ornements sur fond bleu turquoise
et garnis en bronze doré.

Haut., 7 cent.

29 — Petite boîte de forme lenticulaire sur pied bas, en
émail cloisonné à fleurs et ornements sur fond bleu
turquoise.

Diam., 7 cent.

30 — Petite boîte de même forme et de décor analogue.

Diam., 7 cent.

31 — Autre boîte analogue; celle-ci est décorée d'ornements.

Diam., 65 millim.

Émaux cloisonnés du Japon

32 — Petit vase à couvercle de forme ovoïde, décoré de fleurs, de rosaces et d'ornements de la plus grande finesse émaillés en couleurs sur fond vert.

Haut., 14 cent.

33 — Petit vase analogue à celui qui précède, mais décoré différemment.

Haut., 14 cent.

34 — Deux belles boîtes à thé de forme cylindrique, décorées d'ornements sur fond vert et rehaussées d'une frise émaillée bleu turquoise.

Haut., 14 cent.

35 — Deux jolies coupes rondes à couvercles, en émail cloisonné du Japon, décorées de fleurs, d'ornements et de chimères émaillés en couleurs sur fond vert. Belle qualité.

Diam., 95 cent.

36 — Belle boîte de forme oblongue à angles arrondis, en émail cloisonné du Japon à ornements en couleurs sur fond vert clair. Cette pièce est laquée à l'intérieur et le couvercle présente diverses figures décorées en or.

Larg., 15 cent.

37 — Deux petites boîtes rondes et plates en émail cloisonné du Japon, décorées d'ornements en couleurs sur fonds variés. Elles sont laquées à l'intérieur.

Diam., 76 millim.

38 — Plateau de forme octogone, décoré intérieurement et extérieurement d'ornements, de fleurs et de chimères émaillés en couleurs sur fond vert.

Diam., 17 cent.

Porcelaines

39 — Deux très-beaux vases de forme ovoïde, en ancienne porcelaine de Chine, décorés en émaux de la famille verte, à médaillons de fleurs, oiseaux et attributs, et fond pointillé émaillé vert avec fleurs de couleurs. Belle qualité.

Haut., 45 cent.

40 — Deux grands vases à panse droite et gorge rétrécie, décorés de sujets fantastiques et familiers en couleurs.

Haut., 62 cent.

41 — Grande plaque carrée en porcelaine de Chine, décorée de fleurs et d'animaux émaillés en couleurs sur fond blanc.

Larg., 58 cent.

42-44 — Trois grands et très-beaux plats en ancienne porcelaine du Japon, décorés de paysages avec cours d'eau et figures en bleu, rouge et or. Ils seront vendus séparément.

Diam., 55 cent.

45-46 — Deux autres grands et beaux plats en ancienne porcelaine du Japon, décorés de vases de fleurs, d'oiseaux et d'ornements en bleu rouge et or. Ils seront vendus séparément.

Diam., 56 et 54 cent.

47 — Autre très-beau plat en ancienne porcelaine du Japon, décoré d'oiseaux, de fleurs et de rosaces en couleurs. Très-belle qualité.

Diam., 54 cent.

48-49 — Deux belles assiettes en porcelaine mince de la Chine, décorées de sujets familiers finement émaillés en couleurs et de riches bordures.

50 — Compotier de même porcelaine et de décor analogue.

51 — Deux petites tasses avec soucoupe en porcelaine mince de la Chine, décorées de fleurs émaillées en couleurs sur fond rouge.

52 — Vase modèle gourde en porcelaine de Chine, fond blanc et décor d'ornements au trait.

53 — Vase de même forme, à couvercle, décoré de fleurs émaillées en couleurs.

54 — Jolie garniture de trois vases en ancienne porcelaine de Chine, fond rouge brique à dessins d'or et médaillons de personnages émaillés en couleurs. Ils sont montés à gorge et socle en bronze ciselé et doré.

55 — Vase en porcelaine de Chine, décoré de fleurs sur fond blanc.

56 — Beau vase de forme cylindrique à gorge rétrécie, en porcelaine de Chine, fond bleu lapis et or, décoré de poissons rouges. Qualité rare.

Haut., 46 cent.

57 — Beau vase analogue à celui qui précède; celui-ci est décoré de figures émaillées en couleurs.

Haut., 45 cent.

58 — Joli vase de même forme que celui qui précède, décoré
de sujets tirés de la mythologie chinoise, d'arbustes et
d'ornements en émaux de la famille verte.

Haut., 45 cent

59 — Beau vase analogue à celui qui précède, décoré de ca-
valiers au galop, en émaux de la famille verte.

Haut., 44 cent.

60 — Joli vase modèle gourde, à double panse sphérique su-
perposées, décorées d'ornements découpés à jour, avec
entredeux à têtes d'animaux et anneaux mouvants. Le fond
émaillé blanc et décoré d'ornements et de fleurs en couleurs. Pièce curieuse.

Haut., 35 cent.

61 — Deux jolis petits vases de forme ovoïde, en porcelaine
mince de la Chine, décorés de sujets familiers finement
peints en émaux de couleurs.

Haut., 25 cent.

62 — Deux autres petits vases en porcelaine craquelée de la
Chine, fond brun et bandes d'ornements en relief émaillés
brun foncé. Ils sont montés à anses, socles et gorges en
bronze doré de style rocaille.

Haut., 25 cent.

63 — Deux vases modèle balustre, décorés d'animaux fantastiques en relief émaillés en couleurs, sur un fond imitant
les vagues de la mer. Socles en bronze doré.

Haut., 27 cent.

64 — Grand vase en porcelaine de Chine, gravé à ornements
sur fond d'émail vert et décoré de fleurs émaillées en
couleurs. Garniture du col et socle en bronze doré.

Haut., 37 cent.

65 — Aiguière de forme élégante en porcelaine de Chine, décorée d'attributs divers et d'ornements en émaux de la famille verte. Monture à anse, socle, goulot et couvercle en cuivre doré.

Haut., 30 cent.

66 — Vase, modèle balustre, à deux petites anses droites en porcelaine de Chine, décoré de fleurs émaillées en couleurs sur fond rouge.

Haut., 27 cent.

67 — Chimère assise, en porcelaine de Chine, émaillée vert d'eau.

Haut., 18 cent.

Bronzes et Objets variés

68 — Deux grands et beaux vases en bronze très-évasés, ornés de figures, d'animaux et de branchages en relief. Ils reposent sur des socles élevés sur des troncs d'arbre. Ouvrage japonais.

Haut., 80 cent.

69 — Deux flambeaux en bronze, entièrement composés d'ornements, de chimères, etc., en relief et fond découpé à jour. Travail japonais.

70 — Petit vase chinois de forme aplatie, enrichi d'incrustations d'argent.

71 — Deux vases, modèle gourde, en laque rouge de Pékin, à fleurs et ornements ciselés en relief.

72 — OEuf d'autruche, décoré de médaillons de personnages et de fleurs en or. Travail curieux.